NOTICE

SUR LA VIE ET LES ÉCRITS

DE

LAURENT ANGLIVIEL DE LA BEAUMELLE,

PAR

Michel NICOLAS.

PARIS.

CHERBULIEZ, LIBR.
Place de l'Oratoire, 6.

LEDOYEN LIBRAIRE,
Palais-Royal, galerie d'Orléans, 31.

1852.

NOTICE

SUR

LA VIE ET LES ÉCRITS

DE

LAURENT ANGLIVIEL DE LA BEAUMELLE.

Laurent Angliviel, généralement connu sous le nom de La Beaumelle, nom qu'il ajouta au sien, comme l'avait fait avant lui un de ses oncles maternels (1), naquit à Valleraugue, le 28 janvier 1726, d'une famille appartenant à la bourgeoisie protestante (2). Après avoir fait ses études au collége des Jésuites, à Alais, se sentant peu de goût pour le commerce, il se rendit à Genève, le 20 septembre 1745, probablement dans le dessein d'étudier la théologie et de se consacrer au ministère évangélique ; mais il renonça à ce projet, et après un séjour de dix-huit mois soit à Genève, soit dans les environs de cette ville, il

(1) Celui-ci avait adopté ce surnom pour se distinguer des autres personnes qui, comme lui, s'appelaient d'Arnal.

(2) Sa mère, Suzanne d'Arnal, mourut en 1729 ; elle était la nièce du célèbre général du génie, Pierre Carle, que la révocation de l'édit de Nantes avait forcé à mettre ses talents au service du prince d'Orange, depuis Guillaume III, roi d'Angleterre.

accepta la place de gouverneur du fils du baron de Gram, à Copenhague, où il arriva le 15 avril 1747. Il avait déjà à cette époque débuté dans le monde littéraire par une *Lettre sur les assemblées des réformés* (1), et il continua depuis à faire paraître dans les journaux de cette époque diverses pièces de vers et quelques opuscules en prose. A Copenhague, il fonda sous ce titre : *la Spectatrice danoise ou l'Aspasie moderne*, un recueil hebdomadaire, à la rédaction duquel il eut la plus grande part et qui forme trois parties in-8° (1749 et 1750). Parmi les articles qui lui appartiennent, il faut citer trois essais moraux, l'un sur l'*Envie*, un autre sur l'*Amour de la gloire*, et un troisième sur le *Bonheur des vrais Fidèles* ; deux essais philosophiques, l'un sur l'*Infini*, et l'autre sur *la Nature du Plaisir* ; plusieurs pièces de vers et cinq *Lettres sur l'esprit des Lois*, consacrées à faire l'éloge de ce célèbre ouvrage, dont il faisait sa lecture favorite.

La Beaumelle s'occupait cependant d'un écrit plus considérable et plus important que les opuscules qu'il avait publiés jusqu'alors. C'était un ouvrage en faveur de la liberté de conscience. Le spectacle des calamités dont la révocation de l'édit de Nantes avait frappé les lieux où il était né, et la comparaison des mœurs pures et simples des protestants des Cevennes, poursuivis

____

(1) Publiée dans le *Journal de Neuchâtel*, décembre 1745 et janvier 1746.

pour quelques points abstraits de théologie , et
les mœurs relâchées et dissolues de ceux qui les
persécutaient sous prétexte de religion , lui
avaient fait prendre l'intolérance en haine , et il
régarda comme un devoir de consacrer à la com-
battre son premier ouvrage un peu étendu. Le
temps n'était pas encore venu , en France , de
plaider ouvertement la cause de la liberté de
conscience. Les mêmes obstacles n'existaient pas
en Danemarck ; mais La Beaumelle voulait que
son livre pût pénétrer en France et y être lu. Il
fallut prendre un détour. Un ouvrage , dans
lequel Crébillon le fils venait de peindre les
amours de Louis xv, sous le voile assez transpa-
rent d'une histoire orientale (1), lui suggéra l'idée
de présenter sous une forme semblable les funes-
tes effets de l'intolérance et les droits impres-
criptibles de la conscience. Adoptant même les
noms imaginés par celui-ci (2) , et désignant par
des anagrammes les hommes et les événements
dont il avait à parler , il supposa qu'un gen-
tilhomme de *Rispa* (Paris) , capitale de la *Kofi-*
ranie (la France) , attaché par sa naissance à

(1) *Les Amours de Zeokinizul , roi des Kofirans* (Ams-
terd. , 1746 , 1 vol. in-8o).

(2) Ce fut, sans aucun doute , l'usage qu'il fit de ces
noms , qui fit attribuer l'ouvrage de La Beaumelle à Crébillon le fils , supposition qu'auraient dû faire rejeter les
nombreuses citations des textes bibliques et la connaissance
étendue des affaires protestantes et des discussions de
controverse qu'on trouve dans cet écrit.

Emor (Rome), mais élevé par les qualités de l'esprit autant que par celles du cœur au-dessus des préjugés de ceux qui appartenaient à ce parti, présente à son roi *Zeokinizul*, surnommé le *Chéri* (Louis xv), un mémoire sur la tolérance. C'est la prétendue traduction de ce mémoire qu'il publia sous ce titre : l'*Asiatique tolérant*, *traité à l'usage de Zeokinizul*, *roi des Kofirans*, *etc.*, par M. de . . . . , Paris , (Amsterdam), l'an xxiv du traducteur (1750).

Cette même année , La Beaumelle conçut le projet de faire créer à Copenhague une chaire de langue et de littérature françaises. Cet enseignement ne pouvait qu'être accueilli avec faveur par la noblesse danoise, qui professait , avec tout le reste de l'Europe, une admiration sans réserve pour les œuvres de nos écrivains. Ce projet fut communiqué à Frédéric v , qui l'approuva, et la chaire ayant été créée le 20 mars, La Beaumelle en fut nommé professeur , sans l'avoir sollicité et par la protection du grand-maréchal comte de Moltke, qui faisait grand cas de ses talents. Il fit aussitôt un voyage à Paris pour solliciter l'autorisation d'occuper cet emploi (1). Pendant le séjour qu'il fit dans la capitale (2), il eut occasion d'acheter de Racine le fils un recueil manus-

(1) Cette autorisation lui était nécessaire pour ne pas perdre sa qualité de Français, et, par suite, ses droits de légitime et de succession.

(2) Du mois de mai au mois de décembre 1750.

crit de lettres de Mme de Maintenon (1) et de nouer des relations avec quelques-uns des écrivains les plus distingués de cette époque , entr'autres avec Montesquieu , pour lequel il professait une vive admiration , et qui, de son côté , lui resta fort attaché. En même temps , il s'associa avec son frère aîné, Jean Angliviel (2), de Méhégan et Moraud, pour la publication d'une gazette que devait imprimer Rey, d'Amsterdam ; mais, après le premier numéro , le seul qui ait paru, ce projet fut abandonné, nous ignorons pour quelles raisons. Cette publication fut aussitôt remplacée par un journal manuscrit intitulé : *La Gazette de la Cour , de la Ville et du Parnasse*. C'était un compte-rendu des nouvelles de Versailles et de Paris , ainsi que des productions littéraires qui paraissaient. Jean Angliviel le composait à Paris et l'envoyait à son frère , qui en faisait tirer des copies (3) et les distribuait à la haute société danoise.

(1) *Réponse au Supplément du Siècle de Louis XIV* , p. 53.

(2) Avocat au parlement de Toulouse, né le 15 février 1723 à Valleraugue , où il est mort le 9 avril 1812.

(3) A cette époque, presque tous les princes étrangers avaient à Paris un correspondant qui les instruisait des bruits de la cour et de la ville , et qui leur faisait connaître les ouvrages nouveaux. (Voir Dampmartin , *Quelques traits de la vie privée de Frédéric-Guillaume II* , p. 153 et 154.) La gazette manuscrite de Jean Angliviel était une correspondance de ce genre , avec cette différence qu'elle était adressée à plusieurs personnes à la fois. Elle parais-

De retour à Copenhague, La Beaumelle ouvrit son cours de littérature française par un discours dans lequel il développa cette idée, que les princes et les Etats qui adoptent les arts étrangers sont mus par des sentiments plus nobles et plus désintéressés que ceux qui protégent les arts qu'ils ont créés. Cet opuscule, qui parut sous ce titre : *Discours prononcé à l'ouverture des leçons publiques de langue et de belles-lettres françaises* (Copenhague, 1751, in-4° de VIII et 44 pages), est un chef-d'œuvre de typographie (1).

sait deux fois la semaine, en une feuille de quatre pages in-4°; elle fut continuée jusqu'au moment où La Beaumelle quitta le Danemarck.

(1) De Méhégan revendiqua plus tard cet écrit et le fit imprimer comme son ouvrage, sous ce titre : *Combien un Empire se rend respectable par l'adoption des arts étrangers, discours prononcé devant la cour de Danemarck* (Paris, 1757, in-12 de X et 50 pages). Pour expliquer ses prétentions, il raconte dans la préface que La Beaumelle, absorbé par mille affaires pendant son séjour à Paris, l'avait prié de lui indiquer un sujet de discours analogue à la position dans laquelle il devait le prononcer, ce qu'il avait fait en lui proposant de traiter cette question : Un empire se rend-il plus respectable par les arts qu'il crée ou par ceux qu'il adopte ? Satisfait de ce sujet, le jeune professeur invita son ami à en tracer le plan, et le peu de liberté que lui laissaient ses affaires continuant toujours, de Méhégan se vit insensiblement engagé à composer le discours en entier. La Beaumelle, en prenant possession de sa chaire, le prononça, en y faisant quelques additions et quelques changements. Quand celui-ci eut quitté le Danemarck, de Méhégan crut pouvoir, sans

Peu de temps après, La Beaumelle fit paraître une *Suite de la Défense de l'esprit des lois ou examen de la réplique du gazetlier ecclésiastique à la défense de l'esprit des Lois*, Berlin, 1751, 76 pages (1). Les *Nouvelles Ecclésiastiques* avaient accusé Montesquieu de spinosisme et de déïsme(2) ; celui-ci s'était défendu contre ces inculpations dans sa *Défense de l'esprit des Lois* ; mais le journal ecclésiastique étant revenu à la charge (3), et Montesquieu ne l'ayant pas jugé digne d'une nouvelle réponse, La Beaumelle saisit cette occasion pour venger l'illustre écrivain, non-seulement des attaques des *Nouvelles ecclésiastiques*, mais encore des plaisanteries de Bonneval (4) et des reproches de Voltaire, qui, dans son *Remercîment sincère*, avait prétendu

faire aucun tort à son ami, rentrer en possession de son ouvrage, ce qu'il fit d'abord en en insérant le commencement à la fin de ses *Considérations sur les révolutions dans les arts*, et ensuite en en donnant l'édition de 1757, édition dans laquelle il conserva, dit-il, quelques-unes des additions de La Beaumelle (*Tableau de l'histoire moderne*, par de Méhégan, Paris, 1778, t. ii, p. vij de l'Avertissement). On semble autorisé, par ce récit de de Méhégan, à regarder ce discours comme l'œuvre commune de ces deux écrivains.

(1) Réimprimé dans la seconde édition des *Observations sur l'esprit des Lois*, de l'abbé de La Porte (Amsterdam, 1751, 2 vol. in-12), et dans les *Pièces pour et contre l'esprit des Lois* (Genève, 1752, 1 vol. in-8°).

(2) Numéros des 9 et 16 octobre 1749.

(3) Numéros du 24 avril et du 1er mai 1750.

(4) Dans une épître en vers sur l'*Esprit des Lois*.

que l'*Esprit des Lois* manquait de plan et ses différentes parties de liaison.

C'est encore pendant son séjour à Copenhague qu'il composa le recueil qu'il publia plus tard sous ce titre : *Pensées de Sénèque* (texte et traduction, Paris, 1752, 2 v. in-12). Ce recueil, qui est précédé d'une vie de Senèque (67 pages), est dédié à l'abbé d'Olivet et a eu plusieurs éditions.

A la fin de 1751, La Beaumelle quitta Copenhague pour se rendre à Berlin. Il venait de publier sous ce titre : *Mes Pensées* (Copenhague, 1751, 1 vol. in-12) , un ouvrage qui eut en quelques années un grand nombre d'éditions (1), et qui était digne de ce succès par la vigueur du style et par la hardiesse de plusieurs des réflexions qui y sont présentées. Par une erreur qui l'honore et qui suffit pour en constater le mérite, cet écrit, publié d'abord sans nom d'auteur, fut attribué à Montesquieu. Mais, tandis que des traductions en anglais et en allemand le faisaient goûter aux étrangers, en France une police ombrageuse le jugeait dangereux et en saisissait les exemplaires sur lesquels elle pouvait mettre la main (2).

C'est un passage de cet ouvrage qui valut à son auteur l'implacable inimitié de Voltaire.

(1) Voir l'indication de ces diverses éditions dans la *France littéraire*, par Quérard, t. IV, p. 331.

(2) *Histoire de la détention des Philosophes et des gens de Lettres à la Bastille*, par Delort, t. II, p. 232.

Pendant son séjour à Copenhague, La Beaumelle
avait eu avec lui quelques relations épistolaires,
à propos d'une édition des classiques français
qu'il se proposait de publier, à l'usage du prince
royal de Danemarck. A son arrivée à Berlin,
il lui rendit visite. Voltaire lui demanda un
exemplaire de l'ouvrage qu'il venait de publier,
et il se trouva très-offensé d'y lire le passage
suivant : « Qu'on parcoure l'histoire ancienne et
moderne, on ne trouvera point d'exemple de
prince qui ait donné sept mille écus de pension
à un homme de lettres. Il y a eu de plus grands
poètes que Voltaire ; il n'y en eut jamais de si
bien récompensé. Le roi de Prusse comble de
bienfaits les hommes à talents, précisément par
les mêmes raisons qui engagent un petit prince
d'Allemagne à combler de bienfaits un bouffon
ou un nain (1). » Dès ce moment, il fit tous ses
efforts pour nuire à un écrivain qui osait ne pas
le placer au nombre des plus grands poètes, et
il réussit, à force de tracasseries, à lui faire quitter Berlin (mai 1752). *Le Siècle de Louis XIV*
avait paru peu de temps auparavant. La Beaumelle trouva que ce livre était aussi plein de
fautes que d'esprit et, pour le prouver à ceux
qui ne partageaient pas ce sentiment, il entreprit de relever les défauts et les erreurs de cet
ouvrage dans une série de notes dont il fit im-

(1) *Mes Pensées*, septième édition, Berlin, 1753, p. 317.

primer le commencement à Gotha. Quatre feuilles étaient déjà tirées, quand, par égard pour une personne amie de Voltaire, il les jeta au feu. Mais, ayant appris à Francfort que son ennemi avait écrit, à Paris, contre lui, il livra ce qu'il avait déjà fait au libraire Eslinger (1), qui préparait une contrefaçon du *Siècle de Louis XIV*, et qui fit continuer et achever ce travail par le chevalier de Mainvilliers (2). Le dépit qu'éprouva Voltaire de cette publication fut d'autant plus vif, que les remarques de La Beaumelle faisaient ressortir une foule d'erreurs qu'il était aussi difficile d'excuser que de nier. Il l'essaya pourtant, dans son *Supplément au Siècle de Louis XIV* (3) ; mais, trompé par la colère, il répondit à des raisons par des injures, et il reprocha également à La Beaumelle et les notes du premier volume qui, en effet, étaient de lui, et celles des deux autres volumes qu'il savait bien, lui-même, être d'une autre main. Il y a plus ; il prit soin de le signaler au gouverne-

(1) *Lettre de La Beaumelle sur ce qui s'est passé entre lui et Voltaire*, dans le *Siècle politique de Louis XIV* (Siéclopolis, 1753), p. 333 et 334.

(2) *Le siècle de Louis XIV, par M. de Voltaire, nouvelle édition, augmentée d'un grand nombre de remarques, par M. de La B........* (Francfort, 1753, 3 vol. in-12.) Les notes du premier volume sont de La Beaumelle ; celles des deux autres volumes, du chevalier de Mainvilliers.

(3) Cet écrit parut d'abord sous ce titre : *Réfutation des notes critiques que M. de La Beaumelle a faites sur le siècle de Louis XIV.*

ment français comme un homme dangereux , en attirant l'attention du ministère sur quelques-unes des notes du *Siècle de Louis XIV*, et , ce qu'il y a de plus odieux, c'est que les notes qu'il désigna ne sont pas prises dans le premier volume , et ne sont pas , par conséquent , de La Beaumelle. Le résultat de ces menées fut l'arrestation de celui-ci ; il fut enfermé à la Bastille, le 24 avril 1753, pour avoir offensé, dans quelques remarques , la maison d'Orléans , dont il n'est pas question dans le premier volume du *Siècle de Louis XIV* (1).

Cette captivité ne fut pas de longue durée. La Beaumelle sortit de la Bastille le 12 octobre suivant , et le premier usage qu'il fit de sa liberté fut de publier une *Réponse au Supplément du Siècle de Louis XIV* (Colmar , 1754 , 1 vol. in-12 de 166 pages), réponse dans laquelle et le *Siècle de Louis XIV* et le *Supplément* sont jugés avec une juste sévérité.

« Vous assurez , y dit-il à Voltaire , que je n'ai relevé aucune de vos fautes. Je n'en ferai point ici l'énumération ; j'écris une lettre et non un in-folio. Mais, dans l'introduction seule , qui n'est que de quelques pages , j'en ai relevé quinze , et dans tout le reste à proportion.

» Je n'ai relevé aucune de vos fautes ! Pourquoi avez-vous donc si souvent profité de mes

____

(1) *Histoire de la détention des Philosophes , etc.* , par Delort, t. ii , p. 234-246.

remarques dans votre nouvelle édition , où vous annoncez des augmentations que vous n'y avez pas mises et où vous avez mis des corrections que vous n'annoncez pas ? Pourquoi ne répondez-vous qu'à quelques-unes de mes notes critiques ? Pourquoi y répondez-vous en homme piqué de ses erreurs ?

» Je n'ai relevé aucune de vos fautes ! J'en ai , sans livres , sans secours , en quelques après-midi , relevé trois cent quarante dans les deux tiers du premier volume ; que serait-ce si j'avais continué ? Ne vous plaignez point de ma sévérité. Rendez grâce à mon indulgence. Que ne pourrais-je pas dire aujourd'hui de votre silence sur Descartes, qui fit une révolution bien digne d'entrer dans votre tableau ? De ce morceau si embarrassé sur la préséance des couronnes ? De la réflexion cruelle dont vous vous servez pour excuser les ravages du Palatinat ? De la fausseté du principe que vous imaginez pour rendre raison des guerres de religion ? De l'article du quiétisme, où il y a presque autant de méprises que de mots ? Du chapitre du gouvernement intérieur , où les objets les plus intéressants pour des citoyens sont passés sous silence ? De cette attention à rassembler des anecdotes curieuses et à omettre les faits essentiels ? De l'inexactitude avec laquelle ces anecdotes mêmes sont écrites ? Des omissions affectées , de l'ignorance et de la partialité qui salissent à l'envi cette liste d'écrivains que vous avez « *tous parcourus* » *pour en bien saisir l'esprit* (1) ? »

Nous citerons encore le passage suivant ; il complète la critique de l'ouvrage de Voltaire :

« Pour remplir votre objet, il fallait, lui dit La Beaumelle, offrir à votre lecteur le spectacle de l'univers , depuis 1640 jusqu'en 1720 , et non lui présenter l'*epitome* du règne de Louis xiv. Il fallait , à l'exemple de Bossuet, fondre la statue tout d'un jet , et non poser sur une base irrégulière et fragile une petite figure à pièces de rapport. Il fallait, à l'exemple d'un illustre moderne , considérer les révolutions qui sont arrivées dans les mœurs, et dans la politique, et dans la religion , en établir la réalité, en chercher les causes , en marquer les moments , en un mot, peindre les hommes , comme vous l'aviez promis, et non peindre quelques hommes, comme vous l'avez fait. Il fallait, si vous le pouviez , imiter Tacite, qui n'annonce pas fastueusement le tableau des nations , mais qui , sous le titre modeste d'Annales , peint l'univers , et en rapportant les actions des princes , et en mêlant à ses récits les jugements des peuples ; vous auriez fait un livre utile , et vous n'avez fait qu'un livre agréable (2). »

(1) Ces derniers mots sont de Voltaire, dans le *Supplément au Siècle de Louis XIV*. — *Réponse au Supplément* , *etc.*, p. 39–41.

(2) *Réponse au Supplément au Siècle de Louis XIV* , p. 50 et 31.

Il serait difficile d'apprécier avec plus de vérité et en traits aussi rapides et aussi vifs l'ouvrage agréable, mais frivole, de Voltaire. Cette *Réponse au Supplément, etc.*, écrite à la hâte et presque improvisée, ne satisfit pas La Beaumelle ; il la remania et donna plus de développement à quelques-unes de ses parties ; mais, soit que la première ardeur de sa colère fût éteinte, soit par suite de toute autre circonstance, il n'avait pas dessein de publier ce nouveau travail. Il parut cependant, mais sans son consentement, sous ce titre : *Lettres de M. de La Beaumelle à M. de Voltaire* (Londres, 1763, 1 vol. in-12 de 213 pages). En outre de ce qui se rapporte à la querelle littéraire dans laquelle était engagé son auteur, ce livre contient, à côté de la discussion approfondie de plusieurs faits importants défigurés par Voltaire, un jugement du règne de Louis XIV, qui put paraître alors d'une excessive sévérité, et qui a été cependant ratifié en grande partie par la postérité. Nous en citerons pour preuve les quelques traits suivants.

« Je défie, avait dit Voltaire dans son *Supplément au Siècle de Louis XIV*, qu'on me montre aucune monarchie sur la terre dans laquelle les lois, la justice distributive et les droits de l'humanité aient été moins foulés aux pieds. »

« Je ne puis relire ce passage sans indignation, répondit La Beaumelle, qui prit ici le rôle de vengeur des lois de l'humanité, rôle si souvent et si heureusement rempli par Voltaire ; je ne puis relire ce passage sans indignation , quand je me rappelle toutes les injustices générales et particulières que commit le feu roi. Quoi! Louis xiv était juste, quand il oubliait , et il l'oubliait sans cesse, que l'autorité n'était confiée à un seul que pour la félicité de tous ? Etait-il juste, quand il armait cent mille hommes pour venger l'affront fait par un fou à un de ses ambassadeurs ? quand, en 1667, il déclarait la guerre à l'Espagne pour agrandir ses Etats , malgré la légitimité d'une renonciation solennelle et libre ? quand il envahissait la Hollande uniquement pour l'humilier ? quand il bombardait Gênes pour la punir de n'être pas son alliée ? quand il s'obstinait à ruiner totalement la France pour placer un de ses petits-fils sur un trône étranger ?

» Etait-il juste, respectait-il les lois, était-il plein des droits de l'humanité, quand il écrasait son peuple d'impôts ? quand , pour soutenir des entreprises imprudentes, il imaginait mille nouvelles espèces de tributs , telles que le papier marqué, qui excita une révolte à Rennes et à Bordeaux ? quand, en 1691, il abîmait par quatre-vingts édits bursaux quatre-vingt mille familles ? quand, en 1692, il extorquait l'argent de ses sujets par cinquante-cinq édits ; quand , en 1693, il épuisait leur patience et appauvris-

sait leur misère par soixante autres? quand il créait
des billets de monnaie qu'il donnait à ses sujets
et qu'il ne recevait point d'eux en paiement ?
quand, par la déclaration de 1704, il ordonnait
que ces billets, qui perdaient douze ou quinze
pour cent, seraient reçus dans toutes les parties
du commerce pour argent comptant? quand il
chargeait toutes les années l'Etat d'un million
de rente, non pour encourager l'industrie, pour
défendre les frontières, mais pour donner des
fêtes et bâtir Versailles ?

» Etait-il juste, quand, dans ses jugements
particuliers ou secrets, il était plus sévère que
la loi? quand, sur un soupçon, il couvrait d'i-
gnominie le duc et la duchesse de Noailles? quand
il jetait dans une prison éternelle Fouquet, que
des commissaires n'avaient pourtant condamné
qu'au bannissement?..... quand il remplissait
les prisons d'Etat de Sacy, savant d'une vertu
respectée de ses ennemis; de Mme de Mondon-
ville, pour avoir une piété suspecte ; de Dupin,
pour avoir été impartial; de d'Aremberg, pour
avoir délivré Quénel ; d'Aubery du Maurier,
pour avoir publié, quoique avec privilége, son
traité *De justis prætentionibus regis Galliæ
super imperium*, et de tant d'autres dont l'uni-
que crime était ou d'être jansénistes, ou de
déplaire aux jésuites, ou d'avoir un ennemi
puissant ?

» Protégeait-il les lois, observait-il la justice

distributive , faisait-il de grandes choses pour le
bien public , mettait-il la France au-dessus de
toutes les monarchies de la terre , quand , pour
abattre par les fondements un édit accordé au
cinquième de la nation , il surseyait , en 1676 ,
pour trois ans les dettes des prosélytes? quand,
en 1679 , il ôtait aux seigneurs haut-justiciers
le droit d'établir des officiers religionnaires ? en
1680 , aux femmes grosses , le secours des ac-
coucheuses ? à tous ses sujets la liberté de chan-
ger d'opinion ? aux malades , la consolation de
mourir en paix ? quand , par la déclaration du
17 juin 1681 , il permettait aux enfants de sept
ans de se convertir et de se soustraire à l'autorité paternelle ? aux consuls et aux marguilliers,
d'inquiéter la conscience des agonisants ? aux
jésuites , de s'emparer de l'académie de Sédan ?
aux hôpitaux , de se saisir des biens légués aux
pauvres de la religion (1) ? »

C'est ainsi , qu'aux éloges quelque peu décla-
matoires de l'auteur du *Siècle de Louis XIV* ,
La Beaumelle oppose des faits qui rétablissent ,
dans toute sa simplicité , la vérité si souvent
altérée par Voltaire. Il ne faut pas , au reste ,
s'en laisser imposer par la gloire de celui-ci ; son
adversaire avait acquis, par des études sérieuses,
une connaissance plus réelle de cette époque que
celle qu'il avait recueillie lui-même dans des

______

(1) *Lettres à Voltaire* , p. 88 et suiv.

mémoires de peu de valeur et dans le commerce des hauts personnages de la cour.

Quelque temps avant d'être enfermé à la Bastille, La Beaumelle avait fait imprimer, sous le titre de *Lettres de Madame de Maintenon* (1752, 2 volumes in-12), la correspondance qu'il avait achetée en 1750 à Racine, et une *Vie de Madame de Maintenon*, qui devait avoir deux volumes, mais dont le premier seul parut (1). Voltaire ne laissa pas passer ces deux écrits sans attaquer leur auteur. Il eut le triste courage d'insinuer d'abord (2), et d'affirmer ensuite (3), que La Beaumelle s'était mis en possession des lettres de Mme de Maintenon par un vol. Celui-ci se contenta de répondre : « Je vous dis que j'en ai quittance, et cela est clair (4). » Il put, au reste, se consoler de l'aveugle inimitié de Voltaire, par l'honorable estime du savant Maupertuis, par l'attachement de Montesquieu, qui lui en donna plusieurs fois des preuves non équivo-

(1) Nanci (Francfort), 1755, in-12.

(2) Lettre à M. d'Argental, du 22 novembre 1752. — *OEuvres de Voltaire* (Paris, 1825), t. LIX, p. 228 et 229.

(3) *Ibid.*, p. 249. C'était là, du reste, une ancienne calomnie que Voltaire avait lancée et qu'il avait été obligé de rétracter déjà à l'époque du séjour de La Beaumelle à Berlin, en 1751. *Lettre de La Beaumelle à M. .... sur ce qui s'est passé entre lui et Voltaire*, dans le *Siècle politique de Louis XIV*, p. 322 et 523.

(4) *Lettres de La Beaumelle à Voltaire*, p. 33.

ques (1¦, par les sentiments affectueux de La Condamine, qui le traita toujours comme un fils, et par la constante amitié de Formey , le secrétaire perpétuel de l'académie de Berlin , et du pasteur Roques , l'érudit continuateur des *Discours historiques* de Saurin. Ces deux derniers prirent spontanément sa défense, et on voit dans la correspondance de Voltaire qu'ils essayèrent à plusieurs reprises de le faire revenir de ses injustes préventions (2).

Cependant , La Beaumelle avait été mis en relation avec le duc de Noailles et les dames de St-Cyr , probablement par la publication des *Lettres de Madame de Maintenon* et par le premier volume de sa vie , ou , du moins , à la suite de cette publication. Celles-ci mirent à sa disposition tous les documents qu'elles possédaient sur la fondatrice de leur maison, et celui-là lui confia les diverses pièces qu'il avait sur le règne de Louis xiv. Cette abondance de matériaux lui fit agrandir son cadre. Laissant de côté les trois volumes précédemment publiés, il entreprit, sur un plan plus étendu, une nouvelle histoire de Mme de Maintenon , et il prépara une édition de toutes les lettres qu'il pos-

(1) Quand La Beaumelle fut mis à la Bastille, Montesquieu , qui était à la campagne, accourut à Paris pour solliciter sa mise en liberté.

(2) *OEuvres de Voltaire* , t. lix, p. 141-153, 251, 269, 279 , 287 , 290.

sédait alors de cette dame. Ce double travail fut
terminé en 1755 ; La Beaumelle se rendit aussitôt en Hollande, où il passa environ un an (1),
pour faire imprimer ses *Mémoires pour servir
à l'histoire de Madame de Maintenon et à celle
du siècle passé* (Amst., 1755-56, 6 vol. in-12),
et les *Lettres de Madame de Maintenon pour
servir d'éclaircissements aux Mémoires* (Amst.,
9 vol. in-12 (2). Ces deux ouvrages, dont l'un est
le complément de l'autre, eurent un grand succès (3). « Ces mémoires, dit Fréron, furent lus

(1) Il en repartit le 20 février 1756. Les *Lettres de M.
de La Beaumelle à M. G.* (Gosse), 1755, in-12 de 14
pages, sont relatives à cette publication.

(2) Une nouvelle édition de ces lettres a été publiée à
Paris en 1807, chez Léop. Collin, 6 vol. in-12. Elle est
précédée d'une notice par M. Auger. L'éditeur a corrigé
quelques erreurs qui se trouvaient dans la première édition et que l'abbé Millot avait déjà signalées dans ses
Mémoires politiques et littéraires. Cette édition contient
plusieurs lettres encore inédites ; mais on a eu le tort d'en
retrancher d'autres qui se trouvaient dans l'édition d'Amsterdam. On a publié en 1846, en 4 vol. in-12, un extrait
de l'édition de 1807.

(3) Les *Mémoires* furent traduits en allemand et en anglais. On a reproché à cet ouvrage d'être plutôt un roman
qu'une histoire. Voir, entr'autres, *Eclaircissements historiques sur les causes de la révocation de l'édit de Nantes*
(de Rulhières), t. i, p. 141 et 155. Mais, quand on connaît l'origine des nombreux documents dont se servit La
Beaumelle, on est en droit de regarder cette accusation
comme injuste, ou, pour le moins, comme fort exagérée.
Quant aux *Lettres*, Rulhières fait remarquer lui-même que
jamais on n'a jeté sur ce recueil le plus léger soupçon d'infidélité, *Ibid.*, p. 153 ; seulement, on a reproché à La

avec avidité et le sont toujours, parce que le fond en est très-intéressant et qu'en général ils sont bien écrits. Le recueil de lettres de Mme de Maintenon est pour l'histoire des dernières années du règne de Louis XIV une source abondante de faits qu'on ignorait ou qu'on avait défigurés. Ces lettres, surtout, sont précieuses, parce qu'on y découvre quelquefois les raisons, les motifs, les ressorts cachés des événements (1). »

La publication de ces deux ouvrages fit enfermer de nouveau La Beaumelle à la Bastille (le 6 août 1756). Après un emprisonnement de plus d'un an (2), la liberté lui fut rendue (le 1er septembre 1757) ; mais il fut exilé dans le Languedoc, avec défense de continuer à écrire. Obligé de quitter Paris, La Beaumelle partit (le 6 septembre 1757) pour Valleraugue, où l'appelait d'ailleurs son père, depuis longtemps malade et dont, trois jours après son arrivée, il reçut le dernier soupir. En septembre 1759, il se rendit à Toulouse. La famille Lavaysse, avec laquelle son frère, Jean Angliviel, qui avait fait ses études de droit à Toulouse et qui y avait été avocat au parlement, avait eu des relations,

Beaumelle de n'avoir pas mis assez de soin à les ranger dans leur ordre chronologique, *Ibid.*, p. 149 et 155.

(1) *Précis de la vie de La Beaumelle*, dans le *Commentaire sur la Henriade*, t. I, p. XV.

(2) *Histoire de la détention des philosophes et des gens de Lettres à la Bastille*, par Delort, t. II, p. 247-266.

l'accueillit comme un ami. Il est probable que ,
par son intermédiaire , La Beaumelle fit connaissance avec la famille Calas ; on sait, du
moins , que quand elle fut poursuivie par
un aveugle fanatisme , il n'hésita pas à prendre sa défense , attachant moins d'importance
à sa sûreté personnelle qu'à la pitié pour une
grande infortune et qu'à l'amour de la justice et de la vérité. Cette conduite n'était pas
sans danger. Sa qualité de protestant , ses relations antérieures avec les accusés , ses querelles
avec le capitoul David , contre lequel il avait
soutenu un procès (1), c'était là plus qu'il n'en
fallait pour soulever contre lui une ville tout
entière , en proie à ce moment à un esprit de
vertige et d'erreur. Il y avait certainement
plus de danger et aussi plus de mérite à défendre
à Toulouse même , les victimes du fanatisme ,
qu'à écrire au loin des brochures en leur faveur.
Plusieurs écrivains lui attribuent positivement le
premier mémoire qui parut dans cette affaire.
Peut-être fut-il l'auteur de l'écrit que reçut
l'avocat de Sudre , et dont il tira parti dans sa
défense de Calas (2) , et du mémoire attribué ,
dans le temps, à de La Salle, conseiller au parle-

(1) C'est à cette affaire que se rapporte le *Mémoire pour
le sieur Laurent Anglivicl de La Beaumelle, appelant, contre le procureur-général du roi , prenant la cause de son
substitut* (Toulouse , 1760, in-12 de 138 pages).

(2) *Les Toulousaines,* p. 138 et 141.

ment. Ce qui est certain , c'est qu'il fit , à la fin de 1762 , le placet par lequel la veuve Calas obtint la liberté de ses filles (1), et que le 30 juin 1764 il écrivait à son frère qu'il devait faire un factum pour les Calas (2). Cette même année , le 23 mars 1764 , il épousa Rose-Victoire de Lavaysse, veuve Nicol et sœur du jeune Lavaysse, impliqué dans l'affaire Calas , et il se retira à La Nogarède , maison de campagne que sa femme possédait aux portes de Mazères.

Malgré la défense qui lui avait été faite, La Beaumelle publia , pendant son exil en Languedoc , en outre de plusieurs opuscules relatifs à des procès (3) , les ouvrages suivants , en ayant soin toutefois de ne pas y attacher son nom. Le premier est intitulé *Préservatif contre le déisme ou instruction pastorale de M. Dumont , ministre du saint Evangile , à son troupeau ; sur le livre de M. J.-J. Rousseau, intitulé : Emile ou de l'éducation* (Paris , 1763 , 1 vol. in-12 de 204 pages (4). Comme l'indique le titre, cet écrit

(1) *Ibid.* , p. 452.— La *France littéraire,* de Quérard , t. iv , p. 230.

(2) La *France littéraire* , de Quérard , t. iv , p. 230.

(3) *Ibid.*, t. iv , p. 330.

(4) Cet ouvrage fut composé, à ce qu'il semble, uniquement pour Mme Nicol. C'est à elle qu'est adressée la courte dédicace , imprimée sans signature et sur une feuille volante. Cette circonstance explique l'excessive rareté de ce volume, dont on ne connaît qu'un seul exemplaire, à part ceux , en petit nombre , qui sont entre les mains de la famille de l'auteur, Quérard, la *France littéraire*, t. iv,

est une apologie de la révélation chrétienne et se
compose d'une introduction dans laquelle l'auteur pose la question et détermine le point de
vue auquel il va la discuter, de trois parties,
dont la première montre la nécessité de la révélation ; la seconde, la vérité de la révélation
écrite ; et la troisième contient des réponses aux
objections, et enfin d'une conclusion générale,
dans laquelle l'auteur s'attache à prouver que,
si l'Eglise a ledroit d'être intolérante, c'est-à-
dire, de retrancher de son sein ceux qui n'adoptent pas ses croyances, l'Etat doit être essen-
tiellement tolérant et accorder une entière liberté
aux dogmes et aux pratiques qui ne préjudicient
point aux lois, au bon ordre et au repos de la
cité. — Les *Gasconismes corrigés* (Toulouse,
1766, 1 vol. in-8º), qui parurent sous le nom
de Desgrouais, sont en grande partie de La
Beaumelle ; on en a pour garant le témoignage
de M. de Senovert (1), un de ses neveux, qui l'a
vu travailler à cet ouvrage (2). — Une troisième
production qui lui appartient et qu'il fit paraître
sous le nom de son ami Belesta, est un *Examen
de la nouvelle histoire de Henri IV, de M. de*

p. 332. Ajoutons que La Beaumelle n'avait pas donné
d'autre titre à son livre que celui d'*Instruction pastorale*,
etc. ; ce fut l'éditeur qui, contre la volonté de l'auteur,
le fit précéder de ces mots : *Préservatif contre le déisme.*

(1) Général au service de la Russie, né à Toulouse, le
2 juillet 1753, et mort à Honfleur, le 22 septembre 1831.

(2) Quérard, la *France littéraire*, t. iv, p. 330.

Bury, par le marquis de B.... (Genève, 1768,
1 vol. in-8° de 99 pages (1). Cet ouvrage est destiné à venger Henri ıv des fausses appréciations
de son nouvel historien , Coligny, de ses décla-
mations calomnieuses , et de Thou et Mezerai ,
du reproche d'avoir à dessein défiguré la vérité.
Voltaire, qui n'avait jamais cessé de poursuivre
La Beaumelle et qui , à partir de la fin de 1766 ,
redoubla de violence contre lui, fit tous ses efforts
pour faire supprimer cet écrit , qui était cependant tout-à-fait en harmonie avec ses propres
vues ; il réussit en partie ; six cents exemplaires
en furent mis au pilon (2).

Ce nouvel accès de colère de Voltaire se montre et dans ses lettres de cette époque , pleines
des plus grossières injures contre son ancien
annotateur (3) , et dans un article de ses *Hon-
nêtetés littéraires* (1767) , dans lequel il fait
une critique aussi injuste qu'intempestive des

(1) L'*Examen de la nouvelle histoire*, etc. , n'occupe que
les 69 premières pages ; le reste du volume est rempli par
un opuscule de Voltaire sur le même sujet, intitulé : *Le
président de Thou justifié contre les accusations de M. de
Bury*, etc. C'est, sans doute, la présence de cet opuscule
qui a fait croire à Naigeon l'aîné que l'*Examen de la nouvelle histoire* était aussi de Voltaire , erreur qui a été par-
tagée par Mme du Deffand, dans ses *Lettres à H. Walpole*,
t. ı , p. 277.

(2) Cet écrit a été réimprimé dans le tome ıı de l'*Evangile du jour* (1769, in-8°), avec des notes de Voltaire.

(3) *OEuvres de Voltaire*, t. ʟxv, p. 434, 443, 449, etc.

Mémoires de Madame de Maintenon (1) , ouvrage qui avait alors douze années d'existence. Celui-ci n'avait cependant donné aucun prétexte à cette recrudescence de haine ni par ses écrits , ni par sa conduite. Par quels motifs Voltaire fut-il poussé à ces nouvelles violences ? Il est assez difficile de le décider ; peut-être peut-on attribuer sa mauvaise humeur aux craintes qu'il conçut pour le succès d'une nouvelle édition qu'il préparait alors du *Siècle de Louis XIV* (2), en apprenant de différents côtés que, dans les pays étrangers , on ne recherchait pas d'autre édition de cet ouvrage que celle qui contenait les annotations de son adversaire (3). Il lui sembla que le meilleur moyen d'assurer la vente de son livre serait d'obtenir de La Beaumelle une rétractation (4). En conséquence , il essaya de l'intimider par ses violences ; dans ce but , il fit répandre à Mazères des libelles dans lesquels il le dénonçait comme professant la religion protestante et comme en ayant été autrefois prédicateur ; et, en même temps , il l'accusa auprès du gouvernement d'avoir, dans plusieurs de ses écrits , attribué les crimes les plus odieux à Louis xiv, à la famille royale , au duc d'Orléans,

(1) *OEuvres de Voltaire*, t. xxvii , p. 145-154.
(2) *Ibid.*, t. lxv , p. 462.
(3) *Ibid.* , t. lxv , p. 481.
(4) *Ibid.* , t. lxv , p. 448, 457.

etc. (1). On aurait peine à croire jusqu'à quel
degré d'absurdité l'amour-propre froissé et une
haine aveugle ont pu entraîner un des hommes
les plus spirituels qui aient jamais existé, si l'on
n'avait pas, comme un témoin irrécusable, le
mémoire qu'il adressa à cette occasion au ministère (2). Il nous suffira d'en rapporter les conclu-
sions. « L'intérêt de la société, dit Voltaire,
demande qu'on effraie les criminels insensés ;
car il peut s'en trouver quelqu'un parmi eux qui
joigne un peu d'esprit à ses fureurs. Ses écrits
peuvent durer ; Bayle lui-même, dans son dictionnaire, a fait revivre cent libelles de cette
espèce. Les rois, les princes, les ministres peuvent dire alors : à quoi nous sert de faire du bien,
si le prix en est la calomnie ? » Dans la crainte
que le ministère n'accordât aucune attention à
une accusation dictée par la vanité blessée d'un
écrivain, Voltaire parvint à mêler à cette affaire
les avoyers du canton de Berne, en faisant revivre le mécontentement que leur avait fait éprou-
ver un passage de *Mes Pensées*, relatif à la

(1) On a des détails très-circonstanciés de toute cette
affaire dans le *Tableau philosophique de l'esprit de Voltaire*
(1771, in-12). Dans cet écrit, l'abbé Sabatier rapporte
textuellement plusieurs des pièces écrites par Voltaire contre La Beaumelle.

(2) *Mémoire présenté au ministère de France et qui doit
être mis à la tête de la nouvelle édition qu'on prépare du
Siècle de Louis XIV.* Ce mémoire parut dans le *Journal
ncyclopédique*, 1767, numéros du 1 et du 15 août.

constitution de leur pays (1). Le gouvernement bernois porta donc plainte au duc de Choiseul contre La Beaumelle, et, cédant à toutes ces menées, le comte de St-Florentin le fit menacer de la part du roi des châtiments les plus sévères (2).

La Beaumelle ne se laissa cependant pas abattre; il se prépara à venger son nom des calomnies de son ennemi; mais il ne lui parut pas suffisant de lancer dans le public un écrit contenant la rectification de tous les faits hardiment dénaturés par celui-ci. « Cette justification, dit-il, sera lue par quelques-uns de mes contemporains et tombera bientôt dans l'oubli; au lieu que la diffamation parviendra sûrement aux siècles à venir, puisqu'elle est consignée dans le recueil des œuvres de M. de Voltaire. Il arrivera donc que je me serai bien justifié et que je resterai pourtant flétri. Mon siècle m'aura plaint et la postérité me méconnaîtra....... En vérité, il est bien fâcheux de prévoir qu'on sera diffamé à jamais dans un recueil qui, selon toutes les apparences, sera sans cesse réimprimé (3). » Le seul remède infaillible qu'il crut trouver, ce fut de donner une édition des œuvres de Voltaire

(1) *Mes Pensées* (Berlin, 1753), p. 413-415.

(2) *OEuvres de Voltaire*, t. LXV, p. 452 et 478.

(3) *Lettre de M. de La Beaumelle à MM. Philibert et Chirol, libraires à Genève*, du 25 août 1770, dans l'*Année littéraire* 1770.

avec des notes ; il pensait attacher ainsi sa justification à chaque calomnie et présenter l'anti-
dote avec le poison jusqu'à la postérité la plus
reculée, ou, du moins, aussi longtemps que son
ennemi trouverait de lecteurs. Il s'engagea, sans
hésiter, dans ce travail aussi long que fasti-
dieux, sans réfléchir qu'il ne pouvait pas plus
être flétri, aux yeux de la postérité, par les
injures de Voltaire, que, par exemple, J.-J. Scaliger ne l'a été par celles de Scioppius, ou tant
d'autres érudits du dix-septième siècle par les
épithètes outrageantes que J.-J. Scaliger, de
son côté, a prétendu attacher à leurs noms,
et qu'en général, les gros mots que les écrivains
se lancent mutuellement avec une si grande pro-
digalité, ne prouvent que leur propre suscepti-
bilité. Cependant, il faut plutôt plaindre que
blâmer La Beaumelle de cet excès de sensibilité ;
on doit surtout regretter qu'il ait perdu à une
inutile défense un temps qu'il aurait pu consacrer à des travaux plus propres à faire connaître
ses talents.

De ce commentaire qu'il voulait joindre à
tous les ouvrages de Voltaire, une seule partie
a paru ; c'est la *Henriade avec des Remarques*.
« J'ai commencé, dit-il à Philibert et Chirol,
par ce poème, qui paraît le premier dans la
collection des œuvres de M. de Voltaire et sur
lequel il fonde principalement ses droits à l'im-
mortalité. » Cet écrit fut imprimé en 1769

(Henrichemont et Bidache, 1 vol. in-12 de 336 pages); mais Voltaire eut assez de crédit pour en faire saisir l'édition tout entière (1) , et il ne fut connu du public que deux ans après la mort de l'auteur , par l'édition que Fréron en publia sous ce titre : *Commentaire sur la Henriade , par feu M. de La Beaumelle , revu et corrigé par F. Berlin* (Paris, 1775 , 2 vol. in-8o). Dans cette nouvelle édition , il est un grand nombre de remarques qui ont été développées ; ces additions renferment d'ordinaire des critiques encore plus amères du poème de Voltaire. Sont-elles l'œuvre de La Beaumelle ou bien les corrections annoncées et exécutées par Fréron ? Il est impossible de le décider positivement ; cependant la dernière supposition est la plus probable. Ce qu'on est en droit de reprocher à Fréron , c'est d'avoir consulté plutôt sa haine contre Voltaire que le soin qu'il devait à la réputation de La Beaumelle, en faisant imprimer à la suite du commentaire et sous le titre de *Changements à faire dans la Henriade* , des essais de correction de vers et de passages entiers de ce poème, qui sont loin de valoir pour la forme poétique les traits qu'ils sont destinés à

(1) Cette édition fut rendue en 1793 aux héritiers de La Beaumelle , qui la mirent en vente quelques années plus tard , après avoir fait remplacer le frontispice par un nouveau qui porte ce titre : *La Henriade de Voltaire avec le commentaire de La Beaumelle* (Toulouse , an xi-1803).

remplacer , mais qui l'emportent souvent sur eux par la justesse de l'idée et même parfois par la pureté du langage. Ces *Changements à faire dans la Henriade* fournirent un facile triomphe aux amis de Voltaire ; mais, même en admettant que Fréron n'a rien mis du sien dans ces essais de correction , on ne peut en accuser La Beaumelle, qui ne les destinait pas à la publicité et qui , par conséquent , les condamnait lui-même (1). Quant au commentaire, il est écrit avec autant de goût que d'impartialité , et il contient une juste appréciation de cette œuvre de Voltaire. En général , il est destiné à montrer que la *Henriade* n'a aucun des caractères de l'épopée , puisque son héros ne se trouve jamais dans des situations propres à inspirer l'admiration , la terreur et la pitié ; qu'elle abonde en passages prosaïques , en idées communes , en sentiments faux , en termes impropres ou peu assortis à la grandeur d'un poème épique ; qu'elle est un assemblage de pièces mal unies , dont on peut, sans inconvénient, supprimer les unes et transposer les autres.

En 1770, on mit fin à l'exil de La Beaumelle,

(1) Ce qui prouve que La Beaumelle ne destinait pas à la publicité les *Changements à faire dans la Henriade* , c'est que l'édition de 1769 contient, dans quelques-unes des remarques de semblables essais de correction , et qu'en jugeant ceux-ci dignes d'être communiqués au public , il ne pensait pas de même de ceux que Fréron fit imprimer à la fin du *Commentaire sur la Henriade.*

qui se hâta de retourner à Paris. Bientôt , il fut attaché à la bibliothèque du roi (1) , et en 1772 il obtint une pension de douze cents livres , laissée vacante par la mort de son confrère Duclos. En arrivant à Paris , un de ses premiers soins avait été de renouer ses relations avec les dames de St-Cyr , et il avait été arrêté qu'il publierait pour leur maison un abrégé de l'histoire de Mme de Maintenon. Il se proposait en même temps de donner une nouvelle édition des mémoires et des lettres de cette dame, et il est permis de croire que, parvenu à la maturité de ses talents, il aurait fait disparaître de ces deux ouvrages les imperfections qu'on leur reproche. Le temps lui manqua pour ces travaux et pour plusieurs autres qu'il a laissés inachevés. Attaqué , vers le milieu de 1772, d'une maladie grave , il fut ramené par sa femme à Mazères. Il put cependant retourner à Paris en mars 1773 ; mais il était au terme de sa carrière ; il mourut le 17 novembre de cette année , âgé de 47 ans , dans la maison de son ami de La Condamine.

En outre des ouvrages dont nous avons fait mention , on a encore de La Beaumelle trois opuscules composés pour la *Galerie française* (publiée par Gautier d'Agoty, Paris, 1770, in-4°) et intitulés : *Vie de Louis XV; Abrégé historique de la vie de Marie-Thérèse , reine de*

(1) En remplacement de l'abbé Alary , qui mourut à la fin de 1770.

Hongrie, et *Notice sur Charles-Emmanuel III,
roi de Sardaigne* (1) ; trois autres contenus dans
les *Mélanges de morale et de littérature* (publiés
par Barret , Strasbourg , 1754 , in-12 de 80
pages (2) ; ce sont : *Idée d'une République ,*
écrit dans lequel est présenté un système singu-
lier pour n'avoir que des hommes beaux et vertueux ; *Ode sur les couches de la Dauphine ,*
composée à la Bastille, et *Lettre à M. de La
C....* (Condamine) ; quelques lettres et mémoires
relatifs à ses discussions avec Voltaire , et dont
nous avons déjà cité la plupart ; une épître en
vers au comte de Schmettow , publiée dans le
Mercure de France (1752, mars, pages 73-83) ,
et quelques autres petites pièces , les unes en
vers , les autres en prose , insérées soit dans ce
journal , soit dans quelques autres recueils pé-
riodiques. Enfin , on lui doit un ouvrage pos-
thume , l'*Esprit* (Paris , 1802 , 1 vol. in-12 de
270 pages) , publié par ses deux enfants , ,

(1) Quoique les deux dernières de ces pièces aient été
tirées à part avec le nom de l'abbé Sabatier , on est autorisé à les attribuer à La Beaumelle. Un de ses neveux ,
M. Maurice Angliviel, en a vu la copie écrite de sa main
parmi ses papiers , et il n'est pas à présumer que La
Beaumelle se fût amusé à faire une copie d'un travail de
Sabatier ; il est bien plus probable que , par suite de
quelque circonstance que nous ignorons , il abandonna à
celui-ci ces deux petites productions. Quérard, la *France
littéraire* , t. IV , p. 329.

(2) Barbier , dans son *Dictionnaire des Anonymes ,*
attribue à La Beaumelle l'ouvrage tout entier.

Mme Gleizes et La Beaumelle fils. Cet écrit , conçu et commencé à l'époque où il habitait Copenhague, et, depuis, souvent repris et abandonné , contient une suite d'observations pleines de finesses sur l'esprit. Après avoir montré que l'esprit est la faculté de saisir promptement et avec justesse les rapports déliés d'idées semblables ou différentes, et de s'exprimer en traits vifs et piquants , La Beaumelle passe en revue les diverses circonstances qui peuvent favoriser ou arrêter son développement, telles que le tempérament, l'âge, le sexe, les idées philosophiques, les différents modes de gouvernement , etc. Il n'oublie pas de faire remarquer ses rapports avec le bon sens, le génie , etc. , et il le suit dans la conversation où il est à sa véritable place , dans la chaire où on a eu parfois le tort de le faire monter , etc.

L'*Esprit* est le seul des nombreux ouvrages manuscrits de La Beaumelle qui ait été publié. De ceux qui n'ont pas vu le jour , quelques-uns étaient terminés , d'autres n'étaient qu'ébauchés ou exécutés en partie. Les premiers sont : 1º *Requête des gens faisant profession de la religion prétendue réformée au roi* ; cet écrit fut communiqué par son auteur à La Condamine et à Lalande (1) ; 2º *Catéchisme universel , tiré*

(1) La Beaumelle s'occupa constamment de la cause des réformés ; il ne cessa jamais, en recommandant la tolérance, de demander pour eux une position civile. En

mot à mot de l'Ecriture, composé en 1763, probablement en même temps que le *Préservatif contre le déisme*, et dans le même but ; 3° *Réponse à l'examen de la religion*, écrit de 200 pages, composé en 1748 ; 4° *Claude et Bossuet ou Conférence sur l'autorité de l'Eglise*, ouvrage qui est de 1767 ; 5° *Vie de Maupertuis suivie de ses lettres et de celles du roi de Prusse*; ce manuscrit a 1,400 pages, ce qui forme la matière de 4 vol. in-12. La Beaumelle se proposait, en 1770, de le faire imprimer en même temps que l'ouvrage suivant ; 6° *Traduction d'Horace*, faite, à la Bastille, en commun avec l'abbé d'Estrées ; 7° *Traduction de Tacite*, composée en partie pendant sa première détention à la Bastille, et en partie pendant la seconde. En 1758, tout était prêt pour la publication de ce travail ; l'autorisation des censeurs était même obtenue ; il ne fut pas donné suite à ce projet, nous ignorons pour quelles raisons. L'abbé Sabatier, qui trouvait que La Beaumelle avait

mai 1759, il propose au comte de St-Florentin de lui présenter des observations sur cet important sujet, dont il s'occupait, lui dit-il, depuis longtemps. Le ministre ayant accepté, il lui envoya au moins un mémoire ; on sait qu'il en avait écrit trois qu'il se proposait de lui communiquer ; mais nous ignorons s'ils furent en effet remis à ce ministre. M. Weiss, dans ses *Mémoires sur les protestants de la France au dix-septième siècle* (dans les Séances et travaux de l'Académie des sciences morales et politiques, 1852, février, page 196, la note), cite un mémoire de La Beaumelle sur ce sujet, daté de Toulouse, 1759.

3*

quelque chose de la manière d'écrire de Tacite et à qui l'auteur avait communiqué plusieurs fragments de cette traduction, affirmait qu'elle était digne de l'original , et lui avait prédit un grand succès. — Les seconds se composent : 1° d'une grande partie d'un roman historique intitulé : *Mémoires du grand chancelier de Danemarck* , *écrits par lui-même et traduits du danois* ; 2° d'une ébauche d'une *Vie de Christine* ; 3° de fragments d'une *Histoire des Francs et des Germains* ; 4° d'un projet de *Mémoires pour servir à l'histoire de Danemarck* ; 5° du commencement d'un roman intitulé : *Mémoires de Baby Semillion , femme de chambre de la duchesse de* *** (octobre 1748) ; 6° de la première partie des *Mémoires de la marquise de Malaspina,* 7° enfin de fragments d'une tragédie intitulée : *Virginie ou le Décemvirat* ; il en conçut le plan pendant sa première détention à la Bastille et il en écrivit sept cents vers sur des assiettes d'étain, avec la pointe d'une aiguille , dans un moment qu'il était privé de papier , de plume et d'encre. — On trouva aussi dans ses papiers une correspondance assez considérable ; la partie la plus intéressante est celle qui contient les lettres échangées avec La Condamine.

« La Beaumelle , dit Fréron , avait une figure noble et agréable , une taille dégagée , un maintien modeste , le ton d'un homme bien élevé. Il mettait dans sa conversation beaucoup d'esprit et d'aménité ; il avait un grand fond de littérature et possédait supérieurement l'histoire ancienne et moderne (1). » On a la preuve dans ses écrits qu'il avait reçu de la nature de belles facultés. A une grande facilité pour le travail, il joignait une imagination vive et brillante et un jugement solide et incapable de céder aux préjugés. Ses ouvrages, même ceux de sa jeunesse, annoncent un observateur judicieux, souvent un penseur profond, toujours un écrivain guidé par le seul amour de la vérité. Sa pensée, d'une rare vigueur, ne se laissa ni diriger, ni même troubler par un faux respect pour des opinions qui n'ont d'autre appui que l'ignorance des uns, et que l'intérêt des autres, et son style, animé, pittoresque, remarquable de précision et de fermeté, rappelle à la fois Tacite et Montesquieu, les deux écrivains qu'il plaçait au premier rang et qu'il avait étudiés avec le plus grand soin. Ce fut sans doute un malheur pour lui d'aller, au début de sa carrière, se heurter à Voltaire et d'être ainsi jeté, malgré lui, dans de fâcheux démêlés qui, en consumant la plus grande partie de sa courte existence, ne lui laissèrent ni assez de loisirs, ni assez de repos d'esprit pour faire porter à ses talents tous les fruits qu'ils auraient pu produire. Il est permis cependant de croire que, malgré ces difficultés,

______

(1) *Précis de la vie de La Beaumelle* dans le *Commentaire sur la Henriade*, t. I, p. xvj.

il serait parvenu à conquérir une des premières places dans la littérature française, si la mort ne l'avait pas frappé dans toute la force de l'âge.

Nous ne pouvons terminer cet article sans ajouter quelques mots sur ses enfants. Son fils, Victor-Laurent-Suzanne-Moïse La Beaumelle, né à La Nogarède, le 21 septembre 1772, quatorze mois à peine avant la mort de son père, a été un officier du génie distingué, un mathématicien profond, un publiciste habile, un littérateur savant et plein de goût. Après avoir fait la guerre d'Espagne, il fut licencié en 1815 avec l'armée de la Loire, dont il faisait partie. Il était alors commandant de bataillon du génie et chevalier de la Légion-d'Honneur. Professeur de mathématiques, pendant quelque temps, à la faculté de théologie protestante de Montauban, il demanda en vain de rentrer dans l'armée avec son grade, et il finit par entrer, en 1823, au service de Don-Pedro, avec le grade de colonel du génie (1). En 1830, la révolution du Brésil le dépouilla, comme tous les autres étrangers, de son emploi. Il mourut l'année suivante (le 29 mai 1831), à Rio-Janeiro.

En outre de quelques brochures sur les changements à introduire dans la loi électorale (2),

______

(1) Avant d'aller prendre possession de ces fonctions, il publia un ouvrage intitulé : *De l'Empire do Brésil, considéré sous ses rapports politiques et commerciaux* (Paris, 1823, 1 vol. in-8° de 260 pages).

(2) Nous citerons entr'autres l'écrit qui porte pour titre :

de quelques écrits sur la guerre d'Espagne (1) et
d'une collaboration étendue à la *Minerve littéraire* (plus tard l'*Abeille*) et à quelques autres
journaux, La Beaumelle fils est auteur de la traduction de quatorze pièces espagnoles imprimées
dans le recueil des *Chefs-d'œuvre des Théâtres
étrangers* ; ces pièces sont précédées et accompa-
gnées de notices, de dissertations et de notes
d'un grand intérêt ; il faut citer entr'autres la
Vie de Lope de Vega (dans la 8e livr.), la *Vie de
Calderon* (dans la 4e), et le remarquable travail
qui suit la traduction de la *Jeunesse du Cid*, de
Guillem de Castro (dans la vingt-quatrième).
Des nombreux ouvrages manuscrits qu'il laissa,
un seul a été publié ; c'est une *Arithmétique
maternelle* (Toulouse, 1841, 1 vol. in-12 (2). Sa
famille avait fait espérer la publication de trois
volumes d'*Observations sur l'Espagne* ; cette
promesse ne s'est pas réalisée. Enfin, on a souvent parlé avec de grands éloges d'une *Statisti-
que du Brésil*, ouvrage qu'on regardait comme
le chef-d'œuvre du genre et dont l'infidélité d'un

*Sept chapitres sur les changements proposés à la loi des
élections* (Paris, 1820, in-8o de IV et de 144 pages.)

(1) Il faut surtout faire mention de sa traduction de
l'ouvrage de Cavallero : *Défense de Sarragosse ou relation
des deux siéges soutenus par cette ville en 1808 et 1809*
(Paris, 1815, in-8o).

(2) Pendant les Cent jours, Carnot voulait faire imprimer cette arithmétique à l'imprimerie impériale et en
prescrire l'usage dans les Lycées. La Beaumelle fils avait
composé une *algèbre* pour faire suite à cet ouvrage.

libraire semble avoir privé pour toujours le
monde savant.

La fille de Laurent Angliviel de La Beaumelle , Aglaé de La Beaumelle , née à La
Nogarède , le 6 septembre 1768 , femme aussi
distinguée par les qualités de l'esprit que par
celles du cœur , épousa, en 1794 , Jean-Antoine
Gleizes (1) , vertueux pythagoricien qui préféra
à une gloire littéraire presque assurée (2) les
déceptions réservées à tout homme de bien qui
se dévoue à la régénération de ses semblables.
Persuadé que l'alimentation animale développe
les penchants grossiers et féroces , obscurcit
l'intelligence et introduit dans l'organisation hu-
maine des principes délétères, sources des mala-
dies et des infirmités corporelles , il crut qu'un
régime végétal ramènerait l'homme à son état
normal (3), et cette idée, qui n'était pas neuve ,
il sut la rajeunir par des considérations profondes
sur la nature de l'homme , et en tirer , par une
suite d'ingénieuses déductions, un système com-

(1) Né à Dourgne (Tarn) , le 26 décembre 1773 , et
mort à La Nogarède , le 17 juin 1843.

(2) *Les Nuits Elyséennes* (Paris, an ix , 1 vol. in-8o de
285 pages) et *les Agrestes* (Paris , an xiii , in-8o) ouvrages de sa jeunesse , révèlent à la fois le penseur , l'homme
de bien et le grand écrivain. « Il y a dans ce livre (*les
Agrestes*) , dit la *Revue Britannique* (janvier 1846) , tant
d'imagination et d'harmonie d'un bout à l'autre, que l'on
croirait lire les plus belles pages de Chateaubriand. »

(3) La *Vegetarian Society* a placé le portrait de J.-A.
Gleizes dans le local de ses séances.

plet de philosophie religieuse et sociale (1).
C'est dans la *Thalysie ou la nouvelle existence*
(Paris, 1840-42, 3 vol. in-8o), qu'il a exposé
l'ensemble de ses vues (2). J.-A. Gleizes ne se
borna pas à prêcher son système ; il le pratiqua
lui-même avec la plus entière fidélité. Mme Glei-

(1) Si ce qui ne semble être qu'un système d'alimentation est devenu, sous sa pensée féconde, presque une
religion, c'est que J.-A. Gleizes était un homme profon-
dément religieux. L'invocation suivante, trouvée dans ses
papiers après sa mort, montre qu'il considérait son propre
système sous un point de vue moral. « O toi que je ne con-
nais que par tes œuvres et par cette partie infiniment faible de toi-même que tu as bien voulu graver dans mon
cœur, comme pour m'annoncer que je retournerai à toi,
Dieu, ou lumière pure, c'est pour t'obéir que j'ai tracé
ces lignes. La vie te plaît, ô Dieu, tu te réjouis dans la
vie que tu as formée. L'accord des êtres te plaît aussi,
des êtres qui sont sortis de ton sein et qui brûlent d'y
retourner. Ah! que ceux qui troublent cette harmonie
sont malheureux, car ils t'offensent ; ils t'offensent, hé-
las! sans croire t'offenser ! aveuglement inconcevable,
puisque tu leur avais tout dit et tout appris ! Sois loué,
ô Dieu, qui ne t'es pas contenté de me montrer le vrai,
mais encore qui m'as permis de le saisir. Ta faible créa-
ture t'en remercie, sans en être orgueilleuse. O Dieu,
daigne protéger et soutenir mes efforts, et hâte-toi de
disposer les intelligences ; car, dès demain, peut-être,
le cri de l'insecte aura expiré sur son grain de sable, et il
y aura silence profond au désert. »

(2) J.-A. Gleizes a cherché à prouver la conformité de
son système avec le christianisme dans *le Christianisme
expliqué ou l'unité de croyance pour tous les chrétiens*
(Paris, 1830, in-8o), réimprimé sous ce titre : *Le Christianisme expliqué ou le véritable esprit de ce culte mé-
connu jusqu'à ce jour* (Paris, 1837, in-8o).

zes, sans partager ses idées et ses illusions,
s'associa constamment aux sentiments d'humanité avec lesquels il secourait les malheureux
qui pour lui étaient des frères. Voici des vers
qu'elle composa pour mettre au bas de son portrait :

Dans son regard scintille le génie ;
Sincère adorateur d'un Dieu plein de bonté
De tout être sensible il respecta la vie,
Et fit rougir l'humanité
Qu'étonna sa phrase hardie.